# THÈSE

POUR

## LA LICENCE.

**TOULOUSE,**

TYPOGRAPHIE GIBRAC OUVRIERS RÉUNIS,

**RUE SAINT-PANTALÉON, 3.**

A MON PÈRE , A MA MÈRE.

# THÈSE

pour

# LA LICENCE.

En exécution de l'Article 4, Titre 2, de la Loi du 22 Ventôse an XII.

L'Acte public sur les matières ci-après sera présenté et soutenu dans une des salles de la Faculté de Droit de Toulouse, le 18 janvier 1855.

## Par M. BARRIÉ (Jules-Marie-Pierre),

Né à Villa-Savary (Aude).

Président : M. DUFOUR.

TOULOUSE,

TYPOGRAPHIE GIBRAC OUVRIERS RÉUNIS,

RUE SAINT-PANTALEON, 3.

1855.

# Jus Romanum.

## DIG. LIB. 46, TIT. I, L. 16, § 4.

INST. JUST. LIB. III, TIT. XV , § 2. — DIG. LIB. XVIII, TIT. 1, L. 34, § 6.

**De quibusdam obligationis generibus. — De obligatione civili et naturali. — De obligatione purâ, in diem, sub conditione. — De obligatione alternativâ.**

### DE QUIBUSDAM OBLIGATIONIS GENERIBUS.

§ 1. — *De obligatione civili et naturali. Dig. lib. 46, tit. 1, l. 16, § 4.*

Antè omnia videamus quid sit obligatio. Omnis obligatio vinculum quoddam juris est quo adstringimur ad dandum aliquid, vel faciendum, vel præstandum. *Paul*, fr. 3, de oblig. et act. Obligatio autem, ità dicta ex verbo *ligare*, nos adstringit tamdiù quàm non evenit solutio. Cùm verò ad solutionem aliquando nos adstringat sola æquitas et ratio naturalis, interdùm mera subtilitas juris, plurimùm autem jus naturæ ac civile simul pro hâc juris varietate, obligatio in tres species rectè dividi potest, ut apud Vinnium; in puram naturalem, civilem et mixtam. Aliæ quidem sunt divisiones, sed hæc opus nobis propositum melius intelligit, et nobis sufficiet; mixtam præteribimus obligationem; naturalis

enim et civilis tantùm à nobis tractandæ sunt , de quibus singulis despiciamus et anteâ de naturali.

1o *De obligatione naturali.* — Naturalis obligatio est naturæ et æquitatis vinculum quo ità adstringimur ad aliquid dandum , vel faciendum ,
vel præstandum , ut nulla eo nomine sit actio jure civili. Dicitur autem
naturalis, non à naturâ seu naturali instinctu nobis cum brutis animan-
tibus communi, sed à naturâ humanâ , id est reetâ ratione quæ sola
quod æquum est dictat. Itaque naturalis obligatio non est duplex ut quidam opinati sunt ; una , quæ sit ex jure gentium et humani generis pro-
pria ; altera , quæ sit ex jure naturali omnium animantium communis et
in brutâ quoque cadat, in quâ nec consensus nec intellectus cadit; sed
una et simplex quæ tota est ex jure gentium ut ipsa æquitas. Hæc obligatio conscientias hominum devincit, cùm si non sit vinculum juris,
quidem sit vinculum quoddam naturæ et æquitatis quod moraliter adstringit. Indè quidam dixerunt obligationis definitionem quam nuper dedimus
non satis esse generalem , et in eâ civiles tantum et propriè obligationes
intelligi posse.

2o *De obligatione civili.* — Longiùs esset omnes divisiones obligationis civilis despicere, et de minimis loqui. ·Dicemus tantum , cum
Gaïo, obligationem civilem nasci, aut ex contractu , aut ex maleficio,
aut proprio quodam jure ex variis causarum figuris, aut veluti apud
Justinianum , quasi ex contractu et quasi ex maleficio , de quibus non
despiciamus.

Obligatio civilis est vinculum juris civilis quo quis ità tenetur ut
summo jure in eum sit actio , sed quæ jure prætoris infirmetur, op-
positâ perpetuâ exceptione; aut aliter : civiles sunt obligationes ex quibus
descendit actio; infirmantur autem omnes obligationes quæ solà juris
subtilitate nituntur contrà naturalem æquitatem : veluti si quis metu
coactus , aut dolo inductus , aut errore lapsus, aliquid promiserit , aut si
post constitutam obligationem debitor cum creditore pactus sit ne à se
quid peteretur. Hoc genus obligationis propemodùm sine re est et exitu
inutile.

Sciendum est autem, omni obligationi fidejussorem accedere posse , dummodo civilis sit vel etiam naturalis obligatio ; cum enim solutum repeti non potest, conveniens est hujus naturalis obligationis fidejussorem accipi posse. « Consonat quod Julianus aït : fidejussor accipi potest quotiès est aliqua obligatio civilis, vel naturalis cui applicetur.» L. 16, ₂ 3, lib. 46, dig., et in seq. §. : « Naturales obligationes non eo solum æstimantur si actio aliqua eorum nomine competit, verum etiam cùm , solutâ pecuniâ, repeti non potest. Nam licet minus propriè debere dicantur naturales, per abusionem tamen intelligi possunt et qui ab his recipiunt debitum sibi recepisse ».

Cùm dicimus nil referre quo jure teneat obligatio cui fidejussor accedat, notandum tamen est, ei obligationi quæ merâ juris subtilitate teneretur et perpetuâ in rem exceptione excluderetur inutiliter fidejussorem accedere ; siquidem fidejussor acceptus posset eâ exceptione uti, etiam invito eo pro quo fidejussisset. Hinc Julianus : si stipulatus esses à me sine causâ et fidejussorem dedissem et nollem eum exceptione uti sed potiùs solvere, ut mecum mandati judicio ageret, fidejussori, etiam invito me, exceptio dari debet. Interest enim ejus pecuniam retinere, potiusquam solutam stipulatori à reo petere.

Hæc tantummodò generalia de obligatione civili et naturali dicemus ; despiciemus nunc de obligationis modis veluti nobis propositum est.

₂ 2. — *De Obligatione purâ, in diem, sub conditione* ;
( Lib. III, tit. XV, ₂ 2. )

Quibus modis stipulatio fit ? Omnis stipulatio , aut purè, aut in diem, aut sub conditione fit.

1º *De obligatione purâ.*—Pura est obligatio veluti cùm ità est stipulata : quinque aureos dare spondes ? Spondeo ; idque confestim peti potest. Cùm verò sponsum confestim peti posse dicitur, debitori tamen semper tribui debet mora traditioni necessaria, nam quamvis confestim solvendum sit, obligatio et solutio tamen non tam connexæ sunt ut consequentes esse debeant.

2º *De obligatione in diem.* — In diem dicitur obligatio , cum , adjecto die, quo pecunia solvatur, stipulatio fit, veluti : decem aureos primis calendis martiis dare spondes ? Id autem quod in diem stipulatur, veluti quod purè , statim quidem debetur, sed peti priusquàm dies venerit non potest. At ne eo quidem ipso die in quem stipulatio facta est , peti potest, quia totus is dies arbitrio solventis tribui debet ; neque enim certum est eo die in quem promissum est , datum non esse, priusquàm is præterierit. Non jura creditoris moratur ergò terminus, sed quin ille hæc confestim exerceat impedit. Eâ de ratione, terminus, ut infrà videbimus, omninò à conditione differt.

Circà diem autem duplex est inspectio : nam vel ex die incipit obligatio , aut confertur in diem : Ex die, veluti in exemplo superiori ; calendis martiis dare spondes ? ad diem verò, veluti ; usque ad calendas martias dare spondes?

Ex die incipit obligatio non solum cùm certa dies adjecta est ut in priori specie , sed et cùm certum temporis spatium solutioni præfinitur. Cum verò dicimus ex die incipere obligationem, certo adjecto die, intelligendum est, illam ex eo die tantùm efficacem esse, ità ut antè hanc diem exigi non possit quod sponsum fuit.

In hâc specie ubi dies adjicitur in quem debetur ( usquè ad Calendas dare spondes), ità inter contrahentes agitur, ut statim quidem à promissori exigi possit id quod in obligationem deductum est, sed si antè Calendas exactum non fuerit, ampliùs non possit exigi. Plerumque tamen , die adjectâ ad quam debetur adveniente, non extinguitur obligatio , si antè hanc diem, in morâ constitutus fuerit debitor.

Si stipulatum fuerit : decem aureos annuos quoad vivam dare spondes ? et purè facta obligatio intelligitur et perpetuatur quia ad tempus deberi non potest; hæres verò petendo pacti exceptione submovebitur.

Dictis circà diem , affinis est et hæc quæstio : Quid est , *diem cedere* , *diem venire ?* In obligationibus , « cedere diem » significat incipere deberi pecuniam , « venire diem », cum diem venisse quo pecunia peti possit. Ità ut, si quis purè stipulatus fuerit, et cessit et venit dies ; si in diem , cessit dies , sed nondùm venit ; cum sub conditione , neque cessit, neque venit dies , pendente adhuc conditione.

3o *De conditione.* — Sub conditione stipulatio fit , cum in aliquem casum differtur obligatio. Conditionis effectus est , ut donec extiterit illa, obligationem suspendat , ità ut ex conditionali stipulatione tantum spes sit debitum iri , cùm autem res promissa in diem debeatur tamen , quamvis non adhuc exigi possit. Eam spem autem quam de conditione tenemus in hæredem transmittimus si priusquàm conditio extet mors nobis contigerit. Non idem dici debetur de legato conditionali ; nam cùm in obligationibus quisque sibi et futuris hæredibus contractum agat , ergà solum legatarium in testamentis disponitur, et inutile esset quin post legatarii mortem conditio legati cederet.

Quin modo, si obligatio ità stipuletur : cum Titius moriatur ; et si quis ità legaverit : Cum Titius moriatur ; conditionale erit legatum , stipulatio verò in diem. Dies incertus ergò qui in obligationibus terminus est , in testamentis conditioni æquiparatur.

Quamvis conditionalis stipulatio stipulanti tantum spem det , ad libitum promissoris nihil reliquit, et hic nihilomodò quin cedat conditio impedire debet ; nam pro impleta haberetur conditio, cùm per eum qui sub conditione obligatus est staret quominùs impleretur.

Cavendum est in contractibus ne conditionem confundamus cum lege dandi aliquid aut faciendi. Lex dandi faciendive est cum id agitur ut alter ex contrahentibus ad dandum faciendumve obligetur , eaque lex non suspendit contractum. Conditio autem est cum id agitur ut suspendatur obligatio donec datum factumve fuerit quod in conditione positum est.

## § 3. — *De obligatione alternativâ.*

### ( Dig. lib. XVIII , tit. I , L. 34 , § 6. )

Digestorum liberum XVIII, t. I, si inspiciamus, legimus : « Si emptio ità facta fuerit, *est mihi emptus Stichus aut Pamphilus*, in potestate est venditoris, quem velit dare sicut in stipulationibus. Sed uno mortuo qui superest dandus est, et ideò prioris periculum ad venditorem, posterioris ad emptorem respicit. Sed etsi pariter decesserunt pretium debebitur; unus enim utique periculo emptoris vixit. Idem dicendum est etiam si emptoris fuit arbitrium quem vellet habere. Si modo hoc solum arbitrio ejus commissum sit ut quem voluisset emptum haberet, non et illud an emptum haberet. » Undè nobis apparet obligationem alternativam modum esse obligationis quo stipulamur solutionem hominis aut alterius, hominis aut pretii, pretii aut alterius. Apparet etiam electionem esse debitoris, nisi aliud conventum sit, neque emptorem alterum peti posse dummodò utrumque sit, nam uno extincto, alterum solum in obligatione remanet et peti potest.

# Code Napoléon.

## De la Prescription.

( Depuis l'article 2228 jusqu'à l'article 2259. )

*Utilité de la Prescription ; sa définition.*

Acquisition de la propriété d'une chose lorsqu'on la possède pendant un laps de temps et sous des conditions déterminées par la loi ; libération d'une obligation par le fait du créancier qui néglige d'exercer son droit pendant un certain temps aussi réglé par la loi, tels sont les effets de la prescription.

« A la seule idée de prescription, il semble que l'équité doive s'alarmer, il semble qu'elle doive repousser celui qui, par le seul fait de la possession et sans le consentement du propriétaire, prétend se mettre à sa place, ou qu'elle doive condamner celui qui, appelé à remplir son engagement d'une date plus ou moins reculée, ne présente aucune preuve de sa libération. Peut-on opposer la prescription et ne point paraître dans le premier cas un spoliateur, et dans le second un débiteur de mauvaise foi ?

Cependant, de toutes les institutions du droit civil, la prescription est la plus nécessaire à l'ordre social ; et loin qu'on doive la regarder comme un écueil où la justice soit forcée d'échouer, il faut, avec les philosophes et avec les jurisconsultes, la maintenir comme une sauvegarde nécessaire du droit de propriété.

Des considérations sans nombre se réunissent pour légitimer la prescription.» Ainsi s'exprimait M. Bigot-Préameneu devant le Corps législatif.

Sans entrer dans tous les détails de ces considérations, nous nous contenterons de dire que le législateur a établi la prescription comme moyen de consolider la propriété. Entre une possession réunissant tous les caractères qu'il exige et un titre de propriété, il a cru devoir accorder la présomption favorable au possesseur ; car celle-ci s'accroît par le temps, en raison de ce que la présomption qui naît du titre diminue ; mais il ne l'a fait qu'avec de grands ménagements, et il n'a admis cette présomption que quand elle a reçu du temps une force suffisante pour que la présomption qui naît du titre ne puisse pas la balancer. Alors aussi cette présomption se justifie par le silence et l'inaction du propriétaire ou du créancier, ce silence et cette inaction faisant naturellement présumer que celui qui a le titre a voulu perdre, remettre ou aliéner ce qu'il a laissé prescrire.

Quelquefois l'équité se trouvera blessée, mais l'intérêt général auquel l'intérêt particulier est toujours subordonné, exigeait impérieusement que l'on fixât un terme après lequel il ne fût plus permis d'inquiéter les possesseurs, de rechercher des droits trop longtemps négligés.

Après ce que nous venons de dire, nous définirons la prescription, non plus avec le Code : un *moyen* d'acquérir ou de se libérer...., mais *la présomption légale d'une cause légitime* d'acquisition ou de libération par un certain laps de temps et sous les conditions déterminées par la loi.

Cette présomption légale, la loi ne la tire, au reste, que de faits bien propres à faire présumer la mauvaise foi du propriétaire, ou qui du moins sont l'indice d'une négligence bien coupable de sa part et par conséquent indigne de sa protection.

Sans parler du temps requis pour prescrire dont nous n'avons pas à nous occuper dans ce travail, nous trouverons toutes les conditions exigées par la loi pour la perfection de la prescription dans l'art. 2229.

Expliquer cet article, telle est donc notre tâche, car les dispositions subséquentes jusques à l'art. 2259, ne sont que le développement de l'art 2229. Ce dernier article énumère les diverses qualités que doit avoir la possession pour engendrer la prescription. Avant tout, demandons-nous donc ce que c'est que la possession.

*De la Possession et de ses caractères.*

La possession est définie par la loi d'une manière générale : « la détention ou la jouissance d'une chose ou d'un droit que nous tenons ou que nous exerçons par nous-mêmes ou par un autre qui la détient ou qui l'exerce en notre nom. « La possession d'une chose corporelle consiste donc dans la détention de cette chose ; la possession d'une chose incorporelle dans le droit de jouissance qu'on a sur elle. Mais qu'est-ce que la détention? Ce n'est pas seulement l'usage même de la chose ; c'est aussi la puissance de fait qu'on a sur elle, la faculté matérielle de s'en servir et d'en disposer ; ainsi, on détient un champ lorsqu'on en perçoit les fruits, ou lorsqu'étant muni des titres qui en constatent la propriété, on est le maître d'y aller et venir, de le cultiver et d'en disposer sans qu'il soit nécessaire de faire sur ce champ des actes continuels de propriété. Le même raisonnement s'applique au démembrement d'un droit de propriété. Et non-seulement on possède une chose lorsqu'on la détient matériellement, mais on peut encore la détenir par d'autres personnes qui la détiennent pour nous et en notre nom. Ainsi, celui qui étant possesseur d'un immeuble, le donne à bail ou à ferme, le détient par son locataire ou par son fermier.

Voilà donc en quoi consiste la possession ; pour l'acquérir, il faut joindre à l'appréhension réelle l'intention de rendre la chose sienne. Cependant, une fois acquise, la possession se conserve *animo tantùm*.

Mais la possession, avons-nous dit, pour être parfaite, doit réunir plusieurs caractères ; elle doit être *continue* et *non interrompue*, *paisible*, *publique*, *non équivoque* et *à titre de propriétaire* (2229). Nous allons examiner ces diverses qualités dans l'ordre où elles ont été exposées au cours.

### § 1. — *La possession doit être à titre de propriétaire.*

Celui qui possède à titre de propriétaire est celui qui possède en vertu d'un titre valable ou du moins qu'il croit tel. Ainsi, ceux qui détiennent une chose en qualité d'acheteurs, donataires, coéchangistes, légataires, possédent à titre de propriétaire. Les fermiers, locataires, dépositaires, sont, au contraire des détenteurs précaires, car ils reconnaissent un maitre, ils n'ont point l'*animum domini;* ils possèdent pour leur auteur, et c'est pour lui qu'ils prescrivent.

Jusqu'ici il ne peut y avoir de difficulté ; mais l'*animus domini* fera souvent l'objet de vives controverses, le détenteur soutiendra qu'il a possédé pour son propre compte, celui auquel il opposera la prescription soutiendra, au contraire, que la possession a été précaire ; que décider ? La loi a réglé cette difficulté dans les art. 2230 et 2231.

Deux cas peuvent se présenter : ou le possesseur a un titre ou il n'en a pas ; s'il a un titre, on verra s'il est translatif de propriété ou s'il est précaire, et d'après la nature du titre, la possession sera présumée parfaite ou vicieuse, sauf la preuve contraire. S'il n'y a pas de titre, il faudra recourir à la nature des faits qui ont accompagné l'origine de la possession.

La possession est-elle marquée à l'origine d'un caractère de dominité dans ses faits, elle est *animo domini ;* est-elle marquée, au contraire, d'un caractère de précarité, elle est précaire. Tels sont les principes généraux de recherche.

Ces principes posés, nous dirons, avec l'art. 2236, que ceux qui ont possédé pour autrui dans l'origine, ne peuvent jamais prescrire par quelque laps de temps que ce soit. Mais si la précarité fait obstacle à la prescription acquisitive, elle n'empêche pas la prescription libératoire des obligations personnelles, nées d'un titre en vertu duquel le détenteur a été mis en possession ; et si le fermier et le locataire ne peuvent jamais acquérir en cette qualité la propriété de la chose qu'ils détiennent , rien ne fait obstacle à ce qu'ils prescrivent en vertu de l'art. 2262 , à l'effet de se libérer des obligations personnelles dont ils sont tenus en qualité de fermiers ou de locataires , et , par exemple , de l'obligation de payer les fermages , les loyers échus.

Et non-seulement les personnes désignées dans l'art. 2236 ne peuvent jamais prescrire, mais, d'après l'article suivant , leurs héritiers succèdent au vice de leur possession. Cependant ,  M. Delpech pense qu'il est des cas où la possession précaire peut devenir virtuelle entre les mains des héritiers, et il s'appuie sur ce que l'art. 2237 ne répète pas le mot *jamais* qui se trouve dans l'article précédent.

Ainsi donc, le possesseur précaire sera toujours censé posséder au même titre , s'il n'y a preuve contraire (2231) , c'est-à-dire, s'il n'est prouvé que sa possession a été novée dans sa cause, remplacée par une possession nouvelle, acquise *animo domini :* mais quels faits opèrent cette interversion.

Les faits qui opèrent cette interversion sont déterminés limitativement par la loi ; elle n'en reconnaît que trois. La possession précaire peut être changée en possession *animo domini* : 1o par une cause venant d'un tiers (2238) ; 2o par la contradiction que le possesseur oppose au droit du propriétaire (2238) ; 3o par la transmission de propriété faite par le possesseur précaire à un tiers (2239).

1o Comment un tiers peut-il changer le caractère de la possession ? Les auteurs ne sont point d'accord sur ce point ; et, tout en regrettant que le législateur ait été aussi laconique,  j'admettrais volontiers l'opinion de M. Vazeille , d'après lequel celui qui a été mis en possession par un tiers doit prouver que le véritable propriétaire a eu connaissance du titre qui a transmis la propriété de sa chose ; cette doctrine, du moins, est conforme aux principes généraux qui dominent la prescription.

2o Comment le possesseur doit-il opposer contradiction au propriétaire ? Je pense qu'il n'est pas nécessaire que cette contradiction soit faite par acte judiciaire. Il suffirait, je crois, que le détenteur précaire eût, par un acte quelconque , pourvu qu'il fût formel et positif, résisté à l'exercice du droit de son auteur.

3° Il est des auteurs qui admettent dans toute sa latitude , cette conséquence de l'art. 2239 , que l'ayant-cause particulier d'un détenteur précaire peut prescrire ; mais si , d'une part , il serait rigoureux d'exiger de la part de l'ayant-cause particulier la notification du titre translatif de propriété au véritable propriétaire, je crois, d'autre part , que c'est entrer dans l'esprit du législateur , d'admettre que la prescription ne puisse commencer qu'autant que le véritable propriétaire aura pu avoir connaissance du titre translatif ; car la loi n'entend jamais protéger la fraude ; aussi pense-t-on que le nouvel acquéreur doit posséder par lui-même et qu'il ne prescrirait point par l'intermédiaire de son vendeur qui conserverait le fonds vendu, à moins que le détenteur ne s'annonçât publiquement , comme possédant désormais pour le nouvel acquéreur.

Le possesseur précaire peut donc intervertir son titre originaire , mais ne pourra-t-il pas prescrire contre son titre ? Son titre, tant qu'il n'aura pas été interverti , fera-t-il obstacle à la prescription ? La possession a deux causes : l'esprit de propriété ou l'esprit de précarité. Or, le détenteur ne peut , sans l'intervention d'un tiers , se changer à lui-même la cause de sa possession ; le simple possesseur *corpore* , ne saurait s'ériger en possesseur *animo domini ;* de là la règle : on ne peut prescrire contre son titre (2240). On peut toutefois prescrire contre son titre, en ce sens , 1° que le détenteur précaire peut prescrire à l'effet de se libérer des obligations personnelles dont il est tenu en sa qualité de dépositaire, emprunteur, fermier, etc. ; 2° que le débiteur qui n'a pas été poursuivi pendant trente ans à compter de l'exigibilité de sa dette , est libéré par la prescription, encore que sa dette soit constatée par un titre que lui oppose le créancier.

§ 2. — *La possession doit être paisible.*

Une seconde qualité que doit avoir la possession pour être parfaite , c'est la paisibilité (2229).

Plusieurs jurisconsultes, se fondant sur les lois romaines qui qualifient de trouble les actes interruptifs de possession , ont confondu la possession paisible avec la possession non interrompue. C'est , selon nous , une grave erreur et nous croyons entrer dans l'esprit de la loi en disant qu'une possession non paisible est, non pas celle qui est interrompue par des actes juridiques , mais celle qui est acquise par violence ou qui est entravée par des tentatives d'usurpation de la part du propriétaire , par des actes réitérés que le possesseur n'a pu comprimer que par la force, celle enfin qui n'a été qu'une longue dispute accompagnée de voies de fait et de risées.

Selon le Droit Romain , le vice résultant de la violence subsistait après qu'elle avait cessé ; il n'était purgé que par le retour de la chose entre les mains du propriétaire spolié , ou par un arrangement avec lui. Il n'en est pas de même aujourd'hui , aussitôt que la violence cesse , le vice est purgé, et une possession utile prend naissance. « La possession utile ne commence que lorsque la violence a cessé. » (2233 2o). Mais , comment concilier le 2o de l'article 2233 avec le 1o, ainsi conçu : « Les actes de violence ne peuvent fonder une possession capable d'opérer la prescription ». Voici comment j'entendrais l'interprétation de ces deux paragraphes qui semblent se contredire : j'appliquerais le § 1er au cas où quelqu'un s'étant emparé de la chose d'autrui continuerait à la posséder par la violence morale ou par la violence physique exercée par voie de séquestration, et je dirais que celui-là ne peut jamais prescrire , parce que la possession est entachée de vice ; j'appliquerais le § 2o au cas où le possesseur de bonne ou de mauvaise foi serait inquiété durant le cours de sa possession par le fait du propriétaire, et je dirais que, dans ce cas, le possesseur peut commencer à prescrire dès le moment où la violence a cessé.

Le vice de la violence est relatif ; il ne peut être invoqué que par celui qui a été violenté ou par ses représentants.

———

### ? 3. — *La possession doit être publique.*

« La cladestinité, » dit Dunod, est un obstacle à la prescription, parce que les intéressés n'ayant pu connaître la possession sont excusables de ne s'y être pas opposés. » C'est une application du principe : *Contrà non valentem agere non currit præscriptio.*

La possession aura été publique lorsque le possesseur n'aura rien fait pour la cacher à celui qui avait intérêt à la connaître, quoique celui-ci l'ait d'ailleurs ignorée.

Si la possession qui a été clandestine à l'origine devient plus tard publique, le vice de la clandestinité se trouvera purgé et le possesseur pourra, dès ce moment, commencer à prescrire. Ce principe ne se trouve pas écrit dans la loi, mais je crois qu'on peut l'induire par un argument *à fortiori* de l'art. 2233 ; car le vice né de la violence me semble plus grave que celui qui résulte de la clandestinité.

Peut-on découvrir dans la possession passive du débiteur contre le créancier un vice de clandestinité ? On le pourra dans bien des cas ; je ne citerai qu'un exemple : un tuteur, après sa gestion a retenu entre ses mains des créances qu'il avait consenties au père de son pupille ; il ne sera jamais admis à invoquer la prescription de ces créances ; car d'une part, « personne ne peut, par son dol, améliorer sa possession ; » et d'un autre côté, le pupille n'est pas en faute de n'avoir pas surveillé l'échéance d'obligations dont il n'avait même pas connaissance.

Le vice résultant de la clandestinité, comme celui qui est né de la violence, n'est que relatif ; celui-là seulement peut l'invoquer qui n'a pu connaître la possession qu'on lui oppose.

### ? 4. — *La possession doit être non équivoque.*

L'équivoque dans la possession est le vice le plus difficile à définir ; on peut dire que ce n'est autre chose que le doute. Or, ce doute peut se présenter de deux façons, il proviendra : ou 1° du concours de plusieurs possesseurs sur le même objet ; ou 2o de la tolérance de la possession de la part du propriétaire.

1o La propriété d'un champ est en suspens ; je suppose d'un côté, un titre de propriété bien en règle, de l'autre, plusieurs possesseurs qui justifient chacun de certains actes de possession ; si par une enquête ou autrement on ne peut pas arriver à constater quel est celui de ces possesseurs qui doit évincer les autres, on dira que la possession est équivoque, et comme un titre de propriété ne peut être paralysé que par une possession réunissant toutes les conditions de l'art. 2229, la propriété devra être dévolue à celui qui sera muni d'un titre ;

2o La possession qui a pour cause la tolérance, ne peut fonder une possession virtuelle ; cela résulte clairement de l'art. 2232. Ce principe est fort rationnel ; mais comme la tolérance sera souvent difficile à prouver, la question devra être livrée à l'arbitaire du juge.

Suivant certains auteurs, au contraire, la possession non équivoque résulterait de la réunion bien constatée de tous les autres caractères mentionnés dans l'art. 2229.

### § 5. — *La possession doit être continue et non interrompue.*

La possession doit être continue et non interrompue. N'y a-t-il pas là un pléonasme ? Non, car s'il est vrai de dire que la non-interruption de la possession se lie à la continuité, il faut ajouter aussi que l'interruption s'entend plus particulièrement d'une solution de continuité opérée par le fait d'autrui ou par la reconnaissance émanée du possesseur.

Le Code distingue deux sortes d'interruptions : l'interruption naturelle et l'interruption civile (2242).

Cette distinction n'est pas logique ; car souvent l'interruption naturelle se confond avec l'interruption civile ; aussi procéderons-nous plus rationnellement en distinguant entre : 1o les causes d'interruption venant

du possesseur ; 2º les causes d'interruption venant de la part du propriétaire. Et, en effet, la vertu et la moralité d'un acte interruptif ré-
sident dans la volonté de celui qui possède ou dans la volonté de celui
qui proteste de son droit.

SECTION PREMIÈRE. — *Interruption provenant de la reconnaissance du possesseur.*

Nous distinguerons entre la reconnaissance formelle, la reconnaissance
implicite et la reconnaissance qui s'induit de la cessation de jouissance
du possesseur pendant un an et un jour, ou interruption naturelle
proprement dite.

1º *Reconnaissance formelle.* — Il y a reconnaissance formelle ou ex-
presse de la part du possesseur, toutes les fois que celui-ci reconnaît ma-
nifestement le droit du propriétaire. Toutefois, la reconnaissance qui
proviendrait du dol ou de la violence n'aurait pas de force interruptive.
La reconnaissance émanant d'une personne incapable d'aliéner, telle
qu'un mineur, un interdit ; une femme mariée, ne pourrait non plus
interrompre la prescription. Mais *quid juris*, si la reconnaissance est
nulle en la forme ? Dans ce cas, l'acte récognitif est rescindable, sans
doute, mais l'aveu du possesseur subsiste et la possession n'en est pas
moins interrompue.

Si le droit reconnu n'est pas celui que le possesseur prétend avoir
prescrit, après avoir prouvé l'identité, il faut donner droit au possesseur.

Si dans un acte passé entre le propriétaire et le possesseur une clau-
se est introduite portant réserve des droits du propriétaire, par cela
seul que le possesseur ne proteste pas, il doit y avoir interruption.

2º *Reconnaissance implicite.* — Toutes les fois que de certains actes
du possesseur on pourra induire une reconnaissance du droit du propriétaire, on dira qu'il y a reconnaissance implicite. Cette reconnaissance

s'induira, par exemple, du paiement des fermages, du renouvellement du bail, du paiement du capital, etc... Mais comment prouvera-t-on un tel fait?

On a dit que la preuve testimoniale ne peut pas être admise pour prouver une reconnaissance implicite lorsqu'il s'agit d'une valeur au-dessus de cent cinquante francs; et nous admettons, en effet, que la preuve testimoniale soit suspecte toutes les fois qu'on voudra prouver la constitution d'un droit ou une libération ; mais nous ne comprendrions pas que l'on récusât cette preuve toutes les fois que, comme dans ce cas, il n'y aurait qu'un fait à prouver.

3º *Reconnaissance induite de la cessation de jouissance du possesseur* (2243). — Pourquoi la cessation de jouissance du possesseur pendant plus d'un an produit-elle une interruption dans la possession? Parce que la privation de la possession non réclamée par le possesseur implique de sa part la reconnaissance qu'il n'est pas propriétaire. La loi a fixé le délai d'un an et un jour, parce qu'il est présumable que celui qui n'a pas fait de réclamation ou d'acte de jouissance pendant ce laps de temps, a bien voulu abandonner la saisine et reconnaitre qu'il n'était pas dans son droit. Il n'est pas cependant toujours vrai de dire que le possesseur expulsé ait reconnu le droit du propriétaire ; si c'est un tiers, par exemple, qui l'a évincé on n'en peut tirer aucune induction.

Il ne faut pas interpréter l'art. 2243 en ce sens que l'abandon spontané et volontaire de la part du possesseur suffit, dans tous les cas, pour donner lieu à l'interruption. Il est de principe, en effet, en jurisprudence, que celui qui cesse de posséder, de cultiver, d'exploiter, dans le cas où un autre n'a pas pris possession à sa place, est censé avoir conservé *animo solo*. Pour qu'on puisse dire qu'il y a interruption, il faut que, pendant l'espace de temps où l'on a abandonné, un autre se soit mis en possession.

SECTION II. — *Interruption provenant du fait du propriétaire ou interruption civile.*

L'interruption civile est celle qui résulte d'un acte judiciaire, par lequel on fait savoir au possesseur qui détient une chose que cette chose ne lui appartient pas, que par conséquent ce ne peut être que de mauvaise foi qu'il la possèdera à l'avenir ; ainsi, une citation en justice, un commandement , une saisie interrompent la prescription lorsqu'ils sont signifiés à ceux que l'on veut empêcher de prescrire (2244). Un acte extra-judiciaire, tel qu'une sommation par huissier , n'aurait pas le même résultat ; celui à qui on le signifie peut se dispenser d'y répondre ; car un pareil acte ne peut produire d'effet qu'autant qu'il est suivi de poursuites judiciaires.

La citation en conciliation devant le bureau de paix interrompt aussi la prescription , pourvu qu'elle soit suivie d'une citation en justice , formée dans le mois à dater du jour de la non-comparution ou de la non-conciliation (57 C. Pro.) Mais si la citation en conciliation n'était pas suivie d'une assignation , cet acte n'aurait plus la force interruptive et serait considéré comme non-avenu.

La citation en justice donnée , même devant un juge incompétent , interrompt la prescription (2246). En effet, dans ce cas, le possesseur n'en est pas moins constitué de mauvaise foi.

Si l'assignation est nulle par défaut de formes ; si le demandeur se désiste de sa demande ; s'il laisse périmer l'instance ou si la demande est rejetée, l'interruption est regardée comme non-avenue (2247). En effet, les formes d'une assignation sont les garanties exigées par la loi pour que la citation vienne à la connaissance du cité ; dans le cas où ce demandeur se désiste de sa demande, il reconnaît pour bonne et véritable la possession du possesseur ; il le reconnaît de même implicitement dans le cas où il laisse périmer l'instance.

(Art. 2349). 1° « L'interpellation faite conformément aux articles ci-dessus, à l'un des débiteurs solidaires, ou sa reconnaissance, interrompt la prescription contre tous les autres, même contre leurs héritiers ; car le créancier, en poursuivant un des débiteurs, l'a poursuivi pour le total de la dette. » Les autres débiteurs ne peuvent pas prétendre qu'il a laissé prescrire sa créance contre eux, cette créance est la même absolument que celle dont il a poursuivi le paiement.

2° « L'interpellation faite à l'un des héritiers d'un débiteur solidaire, ou la reconnaissance de cet héritier n'interrompt pas la prescription à l'égard des autres cohéritiers, quand même la créance serait hypothécaire, si l'obligation n'est indivisible. » D'après l'art. 1219, la solidarité ne donne pas à une obligation le caractère de l'indivisibilité, par conséquent chaque héritier d'un débiteur solidaire n'est tenu de payer que sa part dans les dettes de la succession.

3° « Cette interpellation ou cette reconnaissance n'interrompt la prescription à l'égard des autres codébiteurs que pour la part dont cet héritier est tenu. Pour que la prescription soit interrompue pour le tout à l'égard des autres codébiteurs, il faut que l'interpellation soit faite à tous les héritiers du débiteur décédé, ou bien que tous ses héritiers aient reconnu l'obligation. »

L'interpellation faite au débiteur principal ou sa reconnaissance interrompt la prescription contre la caution (2250).

### *Des causes qui suspendent le cours de la Prescription.*

En principe, la prescription court contre toutes les personnes (2251). Il résulte de là que l'on peut prescrire aujourd'hui contre l'Etat, les établissements publics et les communes, aussi-bien que contre les particuliers, contre les personnes qui n'ont point connaissance du cours de la prescription, même contre les absents. L'art. 2251 fait toutefois pressentir quelques exceptions. En général, la prescription ne court pas lorsque le propriétaire ou le créancier se trouve, à raison de quelque empêchement légal ou conventionnel, dans l'impossibilité absolue d'user de son droit. Nous allons passer rapidement à l'examen des cas où le législateur suspend le cours de la prescription.

I. — Elle ne court pas contre les mineurs émancipés ou non émancipés et les interdits (2252). Les personnes ne peuvent exercer par elles-mêmes aucun droit, et il serait trop dur de les rendre victimes de la négligence du tuteur qui leur est imposé. Il faut observer néanmoins que les petites prescriptions, c'est-à-dire celles qui s'opèrent par un laps de temps moindre de dix ans, courent contre les mineurs et les interdits, sauf leur recours contre leur tuteur (2278).

II. — La prescription ne court pas entre époux (2253), qu'ils soient ou non séparés, qu'ils soient séparés de corps ou de biens. Il serait, en effet, contraire à la nature de la société du mariage que les droits de chacun ne fussent pas, l'un à l'égard de l'autre, respectés et conservés. Cependant, elle court contre la femme mariée, encore qu'elle ne soit pas séparée par contrat de mariage ou en justice, à l'égard des biens dont le mari a l'administration, sauf son recours contre le mari (2254). Il y a exception à cette règle dans trois cas : 1o lorsqu'il s'agit d'immeubles que la femme, mariée sous le régime dotal, s'est constituée en dot et qui sont frappés d'inaliénabilité (2255, 1561). Si le fonds dotal pouvait être prescrit, le principe de l'inaliénabilité deviendrait illusoire ; 2o lorsque l'action de la femme ne peut être exercée qu'après une option à faire sur l'acceptation ou la renonciation à la communauté (2256 1o) ; 3o lorsque l'action de la femme doit réfléchir contre son mari (2256 2o). Ce principe est applicable même quand les époux sont séparés de biens. La loi ne distingue pas, et il n'est pas moins sage d'éloigner tous débats qui pourraient aggraver encore une situation domestique déjà compromise.

III. — La prescription ne court pas à l'égard d'une créance qui dépend d'une condition, jusqu'à ce que la condition arrive ; à l'égard d'une action en garantie, jusqu'à ce que l'éviction ait lieu ; à l'égard d'une créance à jour fixe, jusqu'à ce que ce jour soit arrivé (2257). Ces causes de suspension sont fondées sur l'impossibilité où le créancier se trouve d'agir, soit à raison de ce que l'obligation n'existe pas encore, soit à raison de ce qu'elle n'est pas encore exigible.

IV. La prescription ne court pas contre l'héritier bénéficiaire à l'égard des créances qu'il a contre la succession (2258 1°). La succession, en effet, se personnifie en lui, il ne peut se faire des significations à lui-même ; mais elle court pendant les trois mois pour faire inventaire et les quarante jours pour délibérer (2259). Tout .acte interruptif de prescription a, en effet, un caractère purement conservatoire , et l'habile à succéder peut très-bien faire un acte de cette nature, sans compromettre sa qualité ; elle court aussi contre une succession vacante, quoique non pourvue de curateur (2258 2°) ; car rien n'empêche que les créanciers ne fassent nommer un curateur chargé de veiller à la conservation de leurs droits.

# Procédure Civile.

## Des reprises d'instance et constitution de nouvel avoué.

PREMIERE PARTIE, LIVRE II, TIT. XVII. (Art. 342—351).

L'ins tan cese compose d'une série d'actes qui ont pour objet d'éclairer le juge par un débat contradictoire, elle se termine par le jugement, mais ces différents actes ne se produisent que successivement et à l'expiration de certains délais déterminés par la loi. La durée de l'instance comporte donc un laps de temps qui sépare l'époque où elle s'engage du moment où elle se termine, dès-lors on peut supposer certains événements survenant dans l'intervalle et dont l'effet sera d'en suspendre la marche ; la loi nous indique sous le titre : *Des reprises d'instance et constitution de nouvel avoué :* 1º Les cas dans lesquels la procédure est suspendue (342—345) ; 2º les moyens auxquels il faut recourir pour faire disparaitre l'obstacle qui s'oppose à ce qu'elle suive son cours. (346-351).

§ 1. — Voyons d'abord dans quels cas une instance peut être suspendue de manière à ce qu'il devienne nécessaire de la reprendre plus tard par un acte spécial.

A ne consulter que l'art. 342, on pourrait en conclure que l'instance peut être interrompue par le changement d'état des parties, par la cessation des fonctions dans lesquelles elles procédaient, par leur mort, par

les décès, démissions, interdictions ou destitutions de leurs avoués,
lorsque l'affaire n'est pas en état; et cette conséquence serait, en effet,
conforme à l'ancienne jurisprudence, mais elle est formellement démen-
tie par le § 1er de l'art. 345 : « Ni le changement d'état des parties, ni la
cessation des fonctions dans lesquelles elles procédaient, dit cet article,
n'empêcheront la continuation des procédures. » Ainsi, quoiqu'il ne
puisse y avoir de doute sur ce point, le législateur eût beaucoup mieux
fait de ne point parler dans l'art. 342 des circonstances énoncées dans
l'art. 345. Cette disposition, toute de droit nouveau, se justifie facilement du reste si l'on observe que le changement d'état ni la cessation
des fonctions ne mettent pas, comme la mort de l'une des parties, ou
la perte de son avoué, cette partie dans l'impossibilité absolue de plaider ou de bien plaider.

Mais si la législation nouvelle n'admet comme cause pouvant donner
lieu à la reprise d'instance que la mort de l'une des parties, et la mort,
l'interdiction, la destitution ou la démission de son avoué, ces deux événements sont-ils dans tous les cas des causes interruptives d'instance ?
A quelque époque du procès, à quelque période de l'instruction que sur-
vienne l'un de ces événements, le procès est-il arrêté ? Non ; il faut
distinguer avec les art. 342 et 343, entre les affaires qui ne sont pas en
état et celles qui sont en état. « Le jugement de l'affaire qui sera *en état*,
dit l'art. 342, ne sera différé, ni par.... L'affaire une fois en état, ne peut
donc plus être interrompue, tel est le principe qui découle de l'art. 342,
et sur lequel tous les auteurs sont d'accord. Il n'en est plus ainsi, si nous
nous demandons qu'est-ce qu'une affaire *en état*. « L'affaire sera en état,
nous dit l'art. 343, lorsque la plaidoirie sera commencée ; la plaidoirie
sera réputée commencée quand les conclusions auront été contradictoirement prises à l'audience. Dans les affaires qui s'instruisent par écrit, la
cause sera en état quand l'instruction sera complète, ou quand les délais
pour les productions et réponses seront expirés. »

Deux hypothèses sont prévues : L'affaire s'instruit-elle par écrit,
la cause sera en état quand l'instruction sera complète ; dans ce
cas, on est parfaitement dans l'esprit de Rodier et de Pothier ;

4

le ministère du tribunal commence lorsque chacune des parties a présenté le développement de ses moyens. Quand le Code, au contraire, nous dit à quel moment de l'instance l'affaire est en état, il est en contradiction avec l'ordonnance de 1667. Tous les commentateurs de cette ordonnance s'accordent à dire que les causes verbales n'étaient en état que quand les plaidoiries étaient absolument terminées, quand il ne restait qu'à juger. — La jurisprudence antérieure au Code avait son point d'appui dans ce principe de la législation romaine, que nul ne doit être jugé s'il n'a été mis à même de présenter ses moyens de défense. « *Paulus respondit, eum qui in rebus humanis non fuit sententiæ dictæ tempore, inefficaciter condemnatum videri* ». Le système de notre Code ne présente pas les mêmes garanties. Les conclusions ont été prises contradictoirement ; l'une des parties meurt ; le ministère de l'avoué peut, il est vrai, être considéré comme accompli ; mais la plaidoirie n'a pas été entendue, l'avocat ne pourra plus s'inspirer des communications de son client ; et sa parole, protectrice du droit et non plus de la personne, ne sera plus que l'écho affaibli d'une voix que la mort vient d'éteindre. — Mais le législateur a sans doute cru devoir restreindre le plus possible, dans ce cas comme dans tant d'autres, les hypothèses dans lesquelles le cours de l'instance se trouve entravé, dans le but d'éviter ces procédures sans issue, que se transmettaient les générations. Mais, à part ce haut intérêt de terminer promptement les procès, je crois devoir reconnaître que les anciens principes étaient plus rationnels.

Ainsi, en résumé, dans le droit actuel, une cause ne peut donner lieu à une reprise d'instance que dans les seuls cas où, n'étant pas encore *en état*, elle a été interrompue, soit par la mort de l'une des parties, soit par la mort et la cessation de fonctions de son avoué. Quelle est la sanction de cette loi ? Nous la trouvons dans l'art. 344. «Dans les affaires qui ne seront pas en état, toutes procédures faites postérieurement à la notification de la mort de l'une des parties, seront nulles. Il ne sera pas besoin de signifier les décès, démissions, interdictions, ni destitutions des avoués ; les poursuites faites et les jugements obtenus depuis seront nuls, s'il n'y a constitution de nouvel avoué. » La distinction que fait cet article entre l'interruption qui provient de la mort de l'une des parties et celle qui provient de la cessation de fonctions de l'un des avoués, est facile à expliquer. On n'est pas tenu de connaître la mort de la partie adverse, s'il n'y a pas eu notification. Au contraire, la mort d'un avoué, sa démission, sa destitution, sont des événements trop connus au Palais pour que l'avoué adverse puisse se prévaloir de son ignorance. Ainsi, la loi prononce la nullité des procédures faites après une cause légale d'interruption ; mais elle ne dit pas comment on pourra faire tomber le jugement qui serait rendu en infraction de l'art. 344. Sera-t-il nul de plein droit, comme l'était à Rome la sentence rendue contre la partie non représentée ? Aujourd'hui, les seules voies ouvertes pour faire tomber un pareil jugement seront celles de l'opposition, de l'appel, ou la voie extraordinaire de la requête civile, par application de l'art. 480 2o, qui permet d'y recourir, « si les formes prescrites à peine de nullité ont été violées, soit avant, soit lors du jugement, pourvu que la nullité n'ait pas été couverte par les parties. » C'est là l'opinion professée par MM. Chauveau et Rodière.

Je suppose maintenant que le demandeur décède après la signification de l'ajournement, mais avant que le défendeur ait constitué avoué ; *quid juris ?* Le législateur autorise, dans ce cas, l'inaction du défendeur, et il se base sur cette supposition que celui-ci a pu penser que son nouvel adversaire investi des droits du défunt renoncerait à poursuivre un procès qui n'était pas encore contradictoirement engagé. Les représentants du défunt sont tenus s'ils veulent donner suite à l'affaire d'assigner de nouveau le défendeur, sans que d'ailleurs il soit besoin de conciliation préalable. Le changement d'état du demandeur survenu avant que le défendeur ait constitué avoué, produirait les mêmes conséquences que le décès ; c'est là ce que décide le § 2 de l'art. 345 ; il n'est pas question dans ce paragraphe de la cessation de fonctions, mais nous pensons qu'il y a même raison de décider. Il est bon de remarquer que le défendeur pourra toujours abandonner le privilége qui lui est accordé par la loi et constituer avoué sans nouvelle assignation.

Avant de terminer cette première partie de notre travail, nous pose-

rons quelques exceptions au  principe qui domine tout entier  cette ma-
tière , à savoir qu'une instance  qui n'est pas en état ne peut  être interrompue que dans les seuls cas de la mort de l'une des parties ou de la
cessation de fonctions de son avoué. Ainsi , par exemple : 1° Deux parties
ont conclu contradictoirement au fond devant le tribunal ; lorsque l'une
de ces parties meurt , les juges, au lieu de rendre une décision définitive,
ordonnent une instruction telle qu'une enquête,  ou une expertise ; à
partir du jugement interlocutoire, aucune procédure ne pourra être va-
lablement notifiée qu'après l'accomplissement des formalités exigées pour
mettre ces intéressés en demeure de se faire représenter dans l'instance ;
en d'autres termes, il y aura lieu à reprises d'instances  et constitution
de nouvel avoué ; 2° il y aurait encore lieu à reprise d'instance, si depuis les conclusions contradictoirement posées , le personnel du tribunal
se trouvait modifié, en sorte qu'il devînt nécessaire de prendre de nouveau
les conclusions devant d'autres juges ; 3° d'après les principes du  Code,
en cas de partage d'opinions, l'affaire doit être une seconde fois conclue
et plaidée devant les juges départiteurs.

§ 2. — Si nous passons maintenant à la seconde partie de notre ma-
tière,  nous verrons quelles sont les personnes qui peuvent reprendre
l'instance ou contre lesquelles l'instance peut être reprise et quelle est
la procédure qui doit être suivie.

Les mots *reprise d'instance* et *constitution de nouvel avoué*, quoique n'é-
tant pas tout-à-fait synonymes, sont souvent pris l'un pour l'autre. Cependant les auteurs les plus exacts appliquent la reprise d'instance au cas
où les procédures sont reprises par le fait du plaideur et la constitution
d'avoué au cas où la suspension des procédures provient du fait de l'avoué
déjà constitué.

La reprise de l'instance, comme la constitution de nouvel avoué, peut
être *volontaire* ou *forcée*.

*De la reprise volontaire.* — La reprise est volontaire lorsque sans attendre une mise en demeure, la partie au profit de laquelle l'art. 344 dé-
clare l'instance interrompue ou ses représentants déclarent par un simple acte d'avoué à avoué qu'elles tiennent l'instance pour reprise ou

qu'elles constituent nouvel avoué. — A partir de cette simple signification d'avoué, les procédures reprennent, sans l'intervention du juge, leur marche régulière. En cela, le Code a modifié les dispositions de l'ordonnance de 1667, laquelle exigeait une déclaration au greffe de la part de la partie qui voulait reprendre l'instance, et un acte du greffier signifié par le procureur (avoué) ou cette partie au procureur adverse.

Nul ne peut reprendre une instance s'il n'y est intéressé; mais toute personne intéressée peut-elle venir spontanément reprendre l'instance interrompue? Il est incontestable que cette faculté appartient à la partie qui est privée de son avoué; tous les auteurs s'accordent à dire qu'elle appartient aussi aux successeurs universels de la partie décédée, mais il n'y a pas conformité d'opinions sur la question de savoir si cette faculté doit être accordée aussi à ses ayant-cause particuliers. MM. Pigean, Boncenne pensent que le légataire à titre particulier, après avoir obtenu la délivrance de l'objet légué, est investi de tous les avantages et attributs de son droit et qu'il peut exercer les actions protectrices de la propriété; ils s'autorisent de l'art. 1166 du Cod. Civ., duquel il résulte qu'un créancier a dans son titre et dans sa qualité une cause suffisante pour agir sans le secours de son auteur. MM. Chauveau et Rodière, forts de l'autorité de Pothier, refusent au légataire particulier la faculté de reprendre l'instance : mais ils lui accordent pour le garantir contre les prétentions qui tendraient à le priver de la libéralité du défunt ou à en diminuer la valeur, la ressource d'intervenir dans l'instance. M. Rodière leur reconnaît le droit de prendre le fait et cause de leur auteur; mais l'autre partie, ajoute-t-il, a le droit de s'y opposer, si elle craint que la condamnation soit prononcée contre son adversaire primitif ou ses représentants, à titre universel ; c'est la reproduction de ce principe du Droit Romain, que les actions du défunt ne passaient que sur la tête de l'héritier.

*De la reprise forcée.* —Il peut arriver que le plaideur, peu confiant dans la bonté de sa cause, ne demande pas mieux que de se faire des interruptions d'instance, un moyen d'entraves, de délais, pour gagner du temps. Par exemple, le défendeur est mort avant que la cause fût en état, ses héritiers n'ont pas encore accepté la succession et ne se pressent pas de prendre qualité ; cependant les trois mois et quarante jours sont complétement écoulés , il est clair qu'alors le demandeur n'est pas forcé d'attendre leur bon plaisir ; et il aura le droit d'assigner en reprise les représentants de la partie décédée. Dans le cas où l'avoué de l'une des parties aurait cessé ses fonctions et où cette partie ne se hâterait pas de le remplacer, la partie adverse pourrait l'assigner en constitution de nouvel avoué.

L'art. 346 nous dit de quelle manière doit être faite cette assignation : l'assignation est donnée aux délais fixés au titre des ajournements (72, 73), avec indication des noms des avoués qui occupaient et du rapporteur s'il y en a. Le nom de l'avoué qui occupait indique à la partie citée l'étude où se trouvent ses pièces, celui du rapporteur , le magistrat chez lequel il faudra les produire. Toutefois l'omission de ces indications, utiles du reste, ne serait pas de nature à entraîner une nullité que la loi ne prononce pas.

L'assignation en reprise d'instance ou en constitution de nouvel avoué étant signifiée , trois hypothèses peuvent se présenter.

1° Art. 347. La partie assignée peut comparaître et consentir à la reprise de l'instance ; elle en fait la déclaration par un simple acte d'avoué à avoué comme dans le cas de la reprise spontanée ; dès ce moment l'instance recommence son cours, sans qu'il soit nécessaire d'obtenir un jugement qui constate cette régularisation opérée.

2° La partie citée peut comparaître et contester qu'il y ait lieu à reprise ; elle prétendra , par exemple , ou que son avoué n'a pas cessé d'exercer , ou qu'elle n'est pas héritière de l'individu qui figurait dans l'instance , ou , si elle est héritière , que les délais de trois mois et quarante jours ne sont pas expirés , ou que l'instance qu'il s'agit de reprendre est éteinte par transaction, désistement, péremption déjà prononcée. Dans tous ces cas, « l'incident, d'après l'art. 348, doit être jugé sommairement, » sans autres écritures qu'une requête pour proposer la fin de non recevoir et une requête en réponse, qui ne peuvent, aux termes de l'art. 75 du tarif , excéder six rôles.

3° Enfin , une dernière hypothèse est celle qui est prévue par les articles 349 à 351. L'instance était interrompue , par exemple , par la mort de l'une des parties ; après un certain délai, l'autre partie a assigné en reprise l'héritier de la partie décédée. Cet héritier , au lieu de se prêter à la reprise , comme le suppose l'art. 347 , au lieu de venir la contester , comme le suppose l'art. 348 , n'a pas constitué d'avoué sur l'assignation qui lui était donnée , en un mot, assignée en reprise d'instance , la partie n'a pas comparu ; alors l'article 349 trace au tribunal la marche qu'il doit suivre. A l'expiration des délais, il sera rendu jugement qui tiendra la cause pour reprise et ordonnera qu'il sera procédé suivant les derniers errements et sans qu'il puisse y avoir d'autres délais que ceux qui restaient à courir ; de sorte que si ces délais pour signifier des moyens avaient commencé leur cours au moment où l'instance s'est trouvée interrompue , les délais complémentaires courront à partir de la signification du jugement à la partie assignée. A l'expiration de ce délai, le jugement du fond pourrait être poursuivi , sans qu'il fût besoin d'un nouvel ajournement pour appeler le défaillant à procéder sur le fond.

Par l'art. 350 , le législateur a voulu s'assurer que la signification du jugement parviendrait à la partie défaillante ; cet article n'est que la reproduction de ce principe général qui veut que les jugements par défaut contre partie soient signifiés par huissier commis. La signification faite par un autre huissier serait nulle et entraînerait la nullité de tout ce qui s'en serait suivi. Si l'affaire est en rapport , il faudra que la signification énonce le nom du rapporteur.

Le jugement par défaut , qui tient l'instance pour reprise, peut être frappé d'opposition , et cette opposition, d'après l'art. 351, doit être portée à l'audience même dans les affaires en rapport.

# Droit Criminel.

## Des peines accessoires en matière criminelle.

Les peines accessoires sont des incapacités résultant de certains châtiments, plutôt que des peines proprement dites ; elles sont encourues de plein droit en vertu de la loi et viennent s'adjoindre à la peine principale pour la corroborer et pour en consacrer les conséquences juridiques.

Ces peines ne sont plus aujourd'hui qu'au nombre de deux pour les matières criminelles seulement : la dégradation civique et l'interdiction légale.

Il y a quelques mois à peine nous aurions pu ajouter la mort civile. Mais cette peine, dont l'origine remontait à l'ancien Droit français, dans lequel elle s'introduisit sous la forme d'une fiction, par une application peu intelligente des doctrines romaines, relatives à la *servitus pœnæ* et à la *media capitis deminutio*, a disparu aujourd'hui de notre Code ; cette peine, depuis longtemps flétrie par la plupart des publicistes, a été enfin abolie par une loi du

*Dégradation civique.* — La dégradation civique frappe le condamné dans son honneur et dans sa capacité juridique, en le privant de la jouissance de tous les droits politiques et de certains droits civils et de famille. Elle est prononcée dans certains cas comme peine principale, mais elle est l'accessoire nécessaire des peines formulées dans l'art. 28 du Code Pénal. Elle prend sa source dans le jugement même de condamnation.

L'art. 34 du Code Pénal détermine les effets de la dégradation civique.

Cette peine a été l'objet de plusieurs et justes critiques. On lui a reproché d'être indivisible, perpétuelle, et de n'avoir souvent aucune analogie avec la plupart des délits qu'elle est appelée à réprimer. L'on voit facilement qu'il est, pour ainsi dire, impossible que les cinq ordres d'incapacités qui en résultent s'appliquent avec la même raison à la même personne et au même délit, et que leur réunion sur une seule tête, à raison d'un seul fait, est le plus souvent irrationnelle, quelquefois dérisoire, tandis que chacune de ces incapacités prise isolément, aurait pu être appliquée avec succès à certains délits. Il est au moins étrange, par exemple, que pour s'être rendu coupable de démission, de concert avec ses collègues, un fonctionnaire soit incapable de tenir école, de devenir soldat ; on ne voit pas l'analogie qui existe entre la privation des droits de famille et le fait d'un fonctionnaire qui se sera immiscé dans un pouvoir étranger à ses attributions. (Art. 127 et 130).

Le législateur eût agi bien plus convenablement s'il eût assimilé le mode d'application de la dégradation civique à celui de l'interdiction légale, de sorte que le juge pût le décomposer dans ses éléments et distribuer chacun d'eux entre les délits de manière à conserver le rapport intime qui doit exister entre la nature du fait puni et la nature de la peine.

*Interdiction légale.* — Cette peine frappe le condamné dans sa capacité juridique, en le privant de l'exercice de certains droits civils et en le soumettant par rapport à ses biens au régime de la tutelle établie pour les aliénés qui ont été interdits par un jugement. (29 C. P. 489, 505 C.)

Elle diffère de la dégradation civique : 1o En ce que cette dernière peine est infamante et peut être prononcée comme peine principale, tandis que l'interdiction n'est jamais qu'une peine accessoire ; 2o en ce que les incapacités que la dégradation entraine, quoiqu'elles soient à peu près calquées sur celle de l'interdiction, sont cependant plus étendues et plus complètes ; 3o en ce que ces incapacités forment dans la première de ces peines un ensemble compacte et indivisible, tandis qu'elles se divisent au contraire dans la seconde et peuvent ainsi s'approprier au caractère particulier de chaque délit.

5

Outre la privation de l'exercice de certains droits civils, l'interdiction entraîne avec elle une incapacité nouvelle que le Code Pénal a rendue spéciale pour les condamnés aux travaux forcés à temps, à la détention, à la réclusion ; il leur enlève l'administration de leurs biens, comme nous l'avons dit dans la définition.

On a reproché à l'interdiction légale d'avoir manqué de prévoyance pour la famille du condamné (argument tiré des art. 30 et 31); mais ce reproche est mal fondé, car il résulte de l'art. 5, titre IV du Code Pénal de 1791, et de l'art. 511, Code Nap., que si la famille du condamné se trouve dans le besoin ou que si ses enfants sont à même de prendre un état de vie, le tuteur, après en avoir reçu la demande, pourra, avec l'autorisation du conseil de famille et l'homologation du Tribunal, prélever sur les biens qu'il administre, soit pour élever et doter ses enfants, soit pour fournir des aliments à ceux qui y ont droit.

Ce qui sépare l'interdiction établie par le Code Pénal de celle réglée par le Code Civil, c'est que, d'après l'art. 31, il ne peut être remis au condamné, pendant toute la durée de sa peine, aucune somme, aucune provision, aucune portion de ses revenus. Nous devons observer cependant que si le condamné est incapable d'aliéner, il faut décider, avec la Cour de Rouen (22 déc. 1822), que rien ne s'oppose à ce qu'il dispose de ses biens par testament, et avec la Cour de Cassation (6 nov. 1817), qu'il peut porter plainte devant les tribunaux à raison d'un délit dont il a ressenti un préjudice, contrairement à cette disposition du Code de 1791, que « le condamné ne peut, pendant la durée de sa peine, exercer par lui-même aucun droit civil, » non reproduite par le Code Pénal.

Il est encore deux peines accessoires que nous n'avons pas signalées tout d'abord, parce qu'elles sont communes aux matières criminelles et aux matières correctionnelles : ce sont la surveillance de la haute police et l'amende.

*La surveillance de la haute police* est une disposition particulière à la loi française; cette surveillance n'est pas une peine, c'est la privation d'un droit, c'est une incapacité qui pèse sur le coupable à la suite du châtiment.

Cette mesure est toujours l'accessoire nécessaire des travaux forcés à temps, de la détention, de la réclusion (art. 47), et dans ce cas, elle sera perpétuelle. La surveillance de la haute police est encore la conséquence du bannissement (48), et dans ce cas, elle existe pendant un temps égal à la durée de la peine (Art. 49). Sont encore renvoyés sous la surveillance de la haute police, ceux qui auront été condamnés pour crimes ou délits qui intéressent la sûreté intérieure ou extérieure de l'Etat.

Hors de ces cas et de celui dont il est question dans l'art. 635 du Code d'Instruction criminelle, les condamnés ne sont placés sous la surveillance de l'Etat, que dans les cas pour lesquels la loi établit cette peine et en vertu d'une disposition spéciale du jugement de condamnation. ( Cod. Pén. 50 ).

Le renvoi sous la surveillance de la haute police est une mesure préventive et répressive ; ses effets sont de donner au gouvernement le droit de déterminer le lieu dans lequel le condamné devra résider lorsqu'il aura subi sa peine.

L'*amende* frappe le condamné dans sa fortune, en le constituant débiteur d'une somme d'argent envers le fisc. Il ne faut pas confondre l'amende avec les restitutions et les indemnités dues aux parties lésées.

Elle s'applique rarement à la suite des peines criminelles ; on en voit la raison, c'est qu'à moins d'être légère et insignifiante, elle frappe plutôt la famille, les héritiers, que le condamné lui-même. Son exécution peut être poursuivie par voie de saisie, et contre la personne par la voie de la contrainte par corps.

———o—◈—o———

Cette Thèse sera soutenue, en séance publique, dans une des salles de la Faculté de Droit de Toulouse, le 20 Janvier 1855.

*Vu par le Président de la Thèse,*

**DUFOUR.**

Imprimerie Gibrac OUVRIERS RÉUNIS, rue St-Pantaléon, 3, hôtel Laromiguière.

9 782019 994259